5 PASOS PARA GANAR UN ASSESSMENT CENTER
Serie 3/3
© 2018, Mario R. Santos
mario.santos@genteyestrategia.com
msantosgiron@gmail.com
Portada: María de los Ángeles Ávila De León
Ilustraciones: Fredy Santos
Diagramación: Marian León
1ª edición
Todos los derechos reservados

A Dios,
Angelita,
Andrea, Sebastián y Lucía.

Contenido

Introducción	1
¿Qué es un AC?	4
Paso 1. ¿Qué evalúan dentro de un AC?	6
Paso 2. ¿Cómo prepararme para un AC?	14
Paso 3. ¿Cómo demuestro lo que soy?	24
Paso 4. ¿Qué tipos de ejercicios te encontrarás?	29
Paso 5. Recomendaciones Finales	42
Palabras finales	45
Agradecimiento	47
Bibliografía	48

Introducción

Recuerdo que estábamos listos para iniciar el Assessment Center (en adelante, AC). Yo era el facilitador y estaba apoyando a unos colegas reclutadores, quienes no conocían el método, y necesitaban mostrar los candidatos al patrocinador del evento de una manera diferente, para fundamentar la decisión que en muy pocos minutos tomarían. La posición vacante era Gerente General para una empresa comercial.

Cuando estábamos en los minutos previos, el propietario de la empresa, Gerente General y patrocinador, quien quería dejar el control de ésta a alguno de los candidatos que iban a estar frente a nosotros en los siguientes minutos, nos dijo, mostrándonos un currículum vitae:

Él es el candidato que me recomendaron muy bien y estuve a punto de suspender esta actividad, porque me parecía que debía decidirme y ganar tiempo. Todo lo que busco lo tiene él, según me dijeron quienes me lo recomendaron y por puro trámite pedí que lo incluyeran en la lista. Pero bueno, ya estamos aquí y por respeto a ustedes, iniciemos.

Mis colegas y yo nos vimos a los ojos, sonreímos y yo tomé el control.

A los observadores, les describí el procedimiento del primer ejercicio y les dije que antes de éste iba tener un momento para romper el hielo y en seguida iniciaríamos. Al finalizar, nos habíamos presentado todos y las tensiones iniciales se empezaron a contraer.

El área había sido acondicionada para esta primera actividad. Era como un salón de clases. Al frente solo había una pizarra blanca con tres marcadores, los que podían ser utilizados por el candidato, si así lo deseaba. Se trataba de una presentación personal.

Todos los participantes ingresarían, uno a la vez, y dentro de las instrucciones les diría que en los próximos cinco minutos debían hablar de lo siguiente:
- Su familia
- Su profesión y experiencia
- Sus planes a futuro

Además, les diría que cuando transcurrieran cuatro minutos les iba a hacer una señal para que supieran que el tiempo estaba por terminar.

Eran cinco candidatos e iniciamos con el primero. Éste, terminó su presentación, se le expusieron las preguntas respectivas y salió del salón. Invité al segundo. La misma manera del primero, terminó y salió. Todo estaba transcurriendo dentro de lo normal. En seguida era el turno del candidato que había sido muy bien recomendado.

La expectativa creció en todos y más en el Gerente de la empresa.

El personaje ingresó, le repetí las mismas instrucciones y lo dejé iniciar.

Con una timidez manifiesta e inseguridad por todos lados, empezó. Tomó un marcador y dijo que a él le gustaba explicar las cosas, utilizando la pizarra.

Hizo sus primeros trazos y habló algo de su experiencia. Tomó el tapón del marcador y lo cerró. Continuó hablando de su familia y retornó al tema de su experiencia. Cuando iban tres minutos dijo: ¡Muchas gracias! Nadie le cuestionó algún aspecto de su presentación.

El participante dejó el salón y, como es usual en este ejercicio, todos comentamos lo que habíamos observado.

La decepción del propietario fue tal que dijo que iba a reclamar a quienes se lo habían recomendado.

¿Es un mal profesional esta persona? De ninguna

manera.

Amigos, así es el AC. Ubica a todas las personas en el lugar donde cada uno se encuentra con respecto a sus capacidades de desempeño y para quienes hemos utilizado el método, es algo que se repite de manera continua.

¿Por qué fallan algunos y otros ganan?

De esto se trata este libro, estimado amigo, aprenderás sus secretos y cómo superarlo y salir muy bien librado, de pronto, no siendo contratado, porque son muchas variables las que están en juego, pero dejando buena impresión y, sobre todo, aprendiendo más sobre esta herramienta que utilizamos quienes pretendemos predecir comportamientos futuros.

Por último, me apoyo en una frase de Fielding H. Yost (Yost, 2014): "La voluntad de ganar es inútil sino tienes la voluntad de prepararte".

Este libro te ayudará a eso, estar preparado, y llegar con ventaja, respecto de aquellos que no lo han hecho.

¿Qué es un AC?

Antes de escribir la definición, te presento algunos antecedentes sobre su origen.

Es una herramienta muy utilizada desde hace varios años y fue en la segunda guerra mundial cuando los soldados alemanes eran entrenados bajo rigurosos escenarios y en condiciones extremas, para prepararlos y luego enviarlos a los campos de batalla.

Sin embargo, a pesar que el entrenamiento era el mismo, el desempeño no. Pocos soldados superaban las expectativas. La mayoría de ellos se ubicaba en el promedio y otros tantos por debajo de la media. Los dirigentes de aquel entonces se preguntaban, ¿por qué hay desempeños tan variados si todos nuestros soldados son entrenados bajo las mismas condiciones?

Después de aquella reflexión, reunieron a psicólogos, psiquiatras y otros profesionales, para resolver el problema en cuestión. Posterior a sus reflexiones y conclusiones decidieron crear centros de evaluación para medir el desempeño y luego predecir quienes iban a funcionar y quiénes no. El programa tuvo tanto éxito que los ejércitos de Inglaterra y luego el de Estados Unidos lo adoptaron en sus programas de evaluación.

Posteriormente, en la mitad del siglo pasado, fue adoptado por algunas empresas en Estados Unidos para evaluar las habilidades de sus trabajadores. De ahí en adelante, la herramienta ha sido utilizada para predecir comportamientos futuros de trabajadores y candidatos a vacantes en muchas empresas.

Años después, con el advenimiento de los sistemas de competencias laborales, el método se fortaleció porque agrupó comportamientos y los clasificó en diferentes niveles de desempeño.

Entonces, entendamos qué es.

El AC es una evaluación grupal que identifica competencias de gestión laboral, a través de diversas dinámicas y ejercicios a los que los participantes son sometidos en jornadas de tiempo que van desde cuatro horas y en algunos casos hasta varios días, dependiendo de los recursos con los que cuenten las organizaciones. En el transcurso de las actividades, el desempeño es observado y medido por personas entrenadas en analizar y ponderar los comportamientos que ven en cada uno de los participantes.

En este libro hablaremos del que identifica competencias para una vacante laboral.

Empecemos con los cinco pasos para ganarlo.

Paso 1. ¿Qué evalúan dentro de un AC?

Antes de revelarte qué mide, déjame decirte que, si llegas hasta esta parte de un proceso de selección, es porque tus competencias son muy similares a las que buscan quienes te convocaron. En este sentido, tienes que estar seguro: les interesas.

¿Qué tienes que hacer si te encuentras en este momento?

No lo dudes, aplicar estos pasos para estar preparado y ganarlo.

En esencia, los AC`s identifican competencias laborales, pero si este término también te es desconocido, a continuación te indico lo que significa: Las competencias laborales son los Conocimientos, Habilidades y Actitudes que toda persona posee para llevar a cabo, con éxito, una función dentro de un puesto de trabajo.

Por consiguiente, todas las actividades a las que seas sometido tendrán como propósito identificar tu desempeño en estos tres ámbitos.

De las tres, la más fácil de identificar es la primera, me refiero a los Conocimientos, es decir, todo aquello que has aprendido a lo largo de tu vida y que ahora constituye un conocimiento. Dentro de estos se encuentran los conocimientos técnicos como la carpintería, la contabilidad, las finanzas, auditoría, repostería, albañilería y todo aquello que demanda un conocimiento para la entrega de un producto bien hecho.

En cuanto a Habilidades, me refiero a tu capacidad para hablar en público, para resolver problemas difíciles, para vender, enseñar, asesorar, negociar, liderar, manejar personas o motivarlas, para dominar herramientas o diferentes clases de equipos.

Por último, las Actitudes. De pronto, son las más difíciles para observar. Te lo dice alguien que tiene experiencia con el método.

Pero veamos detenidamente cada uno de estos ámbitos y cómo planean medirlos.

Empecemos con los Conocimientos.

Estas competencias son las más fáciles de evaluar y los ejercicios que se preparan para observarlas serán específicos al ámbito de tu experiencia. En este sentido, si la vacante a la que estás optando se encuentra alrededor de las finanzas, las ventas, la producción, supervisión o cualquier otra, todos estarán alrededor de éstas áreas.

Es usual que, en las etapas previas del proceso de selección, en algunas entrevistas, se te haya preguntado por temas específicos y que son de interés a la empresa que contratará. Con tus respuestas tuviste que mostrar tu grado de conocimiento y experiencia en éstos y tu nivel será evaluado a través de los ejercicios.

¿Y cómo lo medirán?

En un párrafo anterior te adelanté que puede ser a través de casos y considéralo como seguro, te lo entregarán, es probable que te provean de una computadora y sin conexión a internet y debas preparar una presentación, posiblemente en Power Point o cualquier otra aplicación similar.

Dependiendo de la profundidad del caso, te brindarán un tiempo determinado para leerlo, resolverlo y preparar tu presentación.

Si no eres tan hábil con la computadora, deberás hacer tus apuntes en alguna libreta o la misma computadora, sin embargo, lo más importante de esto será la resolución del problema, porque van a cuestionar tu criterio, decisiones, cálculos o cualquier otra cosa referida a éste y debes estar preparado.

Claro, quienes te evaluarán ya conocen la solución y también es muy probable que lo hayan aplicado muchas veces en procesos similares y lo dominan en todos los aspectos. Entonces, más allá de la mera preparación de la presentación, lo importante será cómo uses tu conocimiento y experiencia para resolverlo.

En determinadas posiciones, el dominio de algunas aplicaciones no es tan relevante como si lo serán tus conocimientos, a menos que lo que te estén evaluando es cómo usas la aplicación de las presentaciones.

Para concluir con el tema de los Conocimientos, recuérdalo. Es casi seguro que serán medidos a través de un caso y también es muy probable que debas presentarlo solo, algo en lo que profundizaré en el Paso 4.

Sin embargo, también puede ser un ejercicio para resolver de forma grupal a través de una discusión entre los participantes para que cada uno muestre su criterio, nivel de conocimiento y experiencia y cómo solucionarlo.

Aquí es importante considerar tu habilidad para hablar en público. Si no eres muy hábil para esto, debes tomar un curso para desarrollarla, leer un libro, ver videos, etc., con el propósito de dominarla, porque debes estar seguro, harás presentaciones. Si es de cuatro horas, al menos dos veces, si es de más tiempo, considera que pueden ser hasta cuatro y en cada una no solo van a medir tus conocimientos sino también tu habilidad para hablar en público.

¿Cómo así?, ¿evaluarán también estas habilidades?

En efecto, aunque midan conocimientos, también son preparados para evaluar los otros ámbitos, es decir, habilidades y actitudes.

De forma típica, un observador tendrá una plantilla como la siguiente, para evaluar a todos los participantes en una actividad como lo es la resolución de un caso:

Assessment Center Fecha: Puesto vacante: Nombre del observador:					
#	Competencia	Participantes			
		1	2	3	4
1	**Conocimiento en "x"**				
	Dominio total del tema o ámbito.				
	Dominio medio del tema o ámbito.				
	Dominio básico del tema o ámbito.				
2	**Habilidad**				
	Dominio completo de la habilidad				
	Dominio medio de la habilidad				
	Dominio básico de la habilidad				
3	**Actitud**				
	Muestra actitud positiva				
	Muestra actitud neutral				
	Muestra actitud negativa				
	Suma				
Observaciones:					

Fuente: Elaboración propia

El observador escribirá en cada casilla un número, de acuerdo a una escala de ponderación que tienen pre definida.

En este momento podrías continuar con alguna inquietud con respecto a la evaluación de tus conocimientos y por qué incluyen otros ámbitos.

Al respecto, déjame decirte que todos los seres humanos, de manera común, mostramos estos tres ámbitos de nuestro ser en cualquier momento en el que estemos, entonces, ¿por qué no registrarlo en un AC?

En los párrafos anteriores te adelanté que la forma de medir tus conocimientos, casi de manera segura, será por medio de una presentación.

Por cualquier forma en la que te evalúen, además de tus conocimientos y habilidades, también observarán tus actitudes. Por esta razón, desde ya considera esto para que muestres actitud positiva frente a todos los ejercicios o actividades a los que serás sometido.

En este momento podrías preguntar, ¿cuántas clases de actitudes existen? bueno, los estudiosos en el comportamiento humano identifican tres formas de manifestarlas: de manera positiva, neutral o negativa.

Y, entonces, ¿qué tipos de actitudes existen? Entre otras: el optimismo, convicción, gratitud, reconocimiento, agradecimiento, autoridad, dominio, tolerancia, paciencia, calma, sinceridad, franqueza, sencillez, satisfacción, hostilidad, oposición, rivalidad, confianza y seguridad.

Una pregunta puntual para este momento es: ¿las poseemos todos los seres humanos? La respuesta es obvia, pero la forma de manifestarla es distinta, porque también lo es la intensidad o abundancia en que cada persona las posee dentro de su ser y están determinadas por nuestro temperamento, el que hemos heredado de manera biológica.

También será importante comentarte lo siguiente.

La psicología, dentro del vasto conocimiento que ha generado a través de los años, ha clasificado patrones de comportamientos, personalidades y tipologías en el ser humano. Sin embargo, para no complicar esto, me voy a referir a una clasificación que hizo el padre de la medicina, el conocido Hipócrates de Cos (Editores, 2004). Él clasificó los temperamentos en cuatro grupos.

En aquel entonces, atribuyó los temperamentos a aspectos de tipo físico, sin embargo, con el paso de los años y los estudios que se han hecho al respecto ya no se lo atribuyen a la dimensión física del ser humano sino a cuestiones biológicas o hereditarias.

Como tal, el conocimiento que dejó Hipócrates fue la base para clasificarlos así:

Dos temperamentos extrovertidos: Sanguíneo y Colérico y dos temperamentos introvertidos: Flemático y Melancólico.

La teoría de los temperamentos, y también la simple observación, indica que en todos los seres humanos hay uno que sobresale y los otros se manifiestan en distintas intensidades. Además, es común encontrar la manifestación de dos temperamentos, pero siempre uno de ambos será el que más sobresalga.

No quiero extenderme mucho en este tema y te recomiendo que, si quieres profundizar, consultes fuentes bibliográficas donde te informes, ya que existen en abundancia, sobre todo en internet.

Pero, ¿a dónde quiero llegar? En un AC debes mostrarte, a pesar de poseer un temperamento introvertido.

Recuerdo un artículo que leí, sobre la percepción que tienen las personas de los distintos temperamentos. Los resultados indicaron que los extrovertidos son los más apreciados en los ámbitos laborales (Portafolio, 2008). ¿Son los más importantes?, ¿son los mejores?, de ninguna manera.

Pero si hay algo que les ha valido mucho para ser

percibidos como mejores es que se muestran, es decir, hablan. Y en un AC esto es muy valioso para los observadores. Recuérdalo, ellos no te conocen y tú quieres que te conozcan, entonces, ¿cuál debe ser tu actitud si eres introvertido? ¿Comprendes lo que deseo comunicarte?

En efecto, si eres de temperamento introvertido tendrás que esforzarte en ser más comunicativo, siempre reflexivo como lo eres, pero hablando más, expresando más, con tus palabras y lenguaje de gestos, para que los observadores sepan que calificar.

Es probable que, por tu capacidad de análisis, reflexión y síntesis, encuentres un mejor camino o solución a algún problema. Sin embargo, al no mostrarlo y dejando que otros hablen, los observadores no tendrán algo para anotar y tú no sumarás calificaciones o puntos a tu favor.

Como tal, una actitud extrovertida podría ser valorada, a pesar que tú seas de temperamento introvertido, ya que muestras que has hecho el esfuerzo por comunicar y expresar algo de manera amplia y sencilla.

Pero, podrías preguntarte, ¿no es cierto que "hay más prudencia en hablar menos", como dice un sabio proverbio?, en la vida, claro está, pero, aunque debes ser prudente o muy prudente, será importante que te expreses, hablar, comunicarte, darte a entender. No debes quedarte con nada, muestra lo que hay en tu mente. ¡Exprésalo!

Por otro lado, si eres extrovertido, a ti no te costará mucho expresar lo que piensas. Mi consejo para ti es que continúes así y adiciona prudencia. Permite que otros expresen sus ideas, no des la impresión a los observadores que te quieres robar el show o que pretendes notoriedad a cualquier costo. Sólo se prudente.

Para concluir con el tema de las actitudes, sino

tienes un buen nivel de autoconocimiento de las tuyas, puedes preguntar a tus seres queridos, en especial a aquellos que, de manera objetiva, te podrán decir cuáles son los patrones que se repiten en tus interacciones y, de ser negativas, tendrás que considerar de forma intencional practicar las buenas actitudes como agradecimiento, paciencia, calma, prudencia, etc., porque van a ser observadas.

Esta última explicación, sobre cómo prepararte con tus actitudes, me sirve para introducirte en el siguiente paso donde te brindo más información e indicaciones valiosas para que, una a una, sumadas, tengas más probabilidades de éxito y de contratación.

Paso 2. ¿Cómo prepararme para un AC?

¿Prepararme?, ¿por qué? ¿No se supone que ya cuento con experiencia, conocimientos, habilidades y actitudes y si me convocan a uno es porque tengo el perfil que les interesa?

En efecto, tú lo tienes, y como lo indicamos en el capítulo anterior, las otras personas que participarán contigo también. –¡Aahhh, ya entiendo!–, es probable que sí, pero déjame continuar.

En el primer libro de esta serie narré parte de mi primera experiencia con este método. Fui convocado a participar a uno y lo único que me dijeron era que debía reservar entre tres y cuatro horas para las pruebas.

Ignoraba qué tipo de pruebas eran y sólo me presenté. Como quien dice, mi presencia en aquel salón fue al natural, silvestre, en bruto y por supuesto, no lo gané. Entonces, –¿Quieres decirme que debo prepararme para actuar?–, de ninguna manera, porque si actúas, a menos que seas un profesional de la actuación, en algún punto quedarás al descubierto y en evidencia sobre tu verdadero yo.

Lo mejor será anticiparse para las actividades que hay en este tipo de pruebas.

Imagina, si te anticipan que vas a ser puesto a prueba en tu habilidad de hablar en público, tú, ¿qué haces? Si nunca lo has hecho y te interesa demostrar que puedes, compras un libro, ves un video, hablas con un experto, pides consejo, etc. Luego de eso, vas a tu casa y practicas frente a un espejo las veces que consideres necesario, hasta estar seguro de que has afinado esa habilidad.

En este libro no te podré anticipar al cien por ciento

en lo que serás sometido, pero si podré anticiparte qué puedes hacer cuando te inviten.

Entonces, pensemos en función de las Competencias, Habilidades y Actitudes.

En cuanto a Conocimientos, trata de estudiar todo aquello que consideras crítico para la vacante que se va a ocupar.

Si la vacante es de un experto en impuestos, tendrás que leer y estudiar las leyes tributarias que correspondan, los procedimientos, fechas de pago y presentación de éstos y otros detalles sobre el tema. Si eres experto en Marketing, tendrás que responder sobre medios de comunicación, estrategias, lanzamiento de productos, grupos foco, estudios de mercado y redes sociales, entre otros. Si eres experto en finanzas, tus conocimientos tendrán que estar alrededor del valor del dinero en el tiempo, de las mejores opciones para hacer que el dinero rinda, sobre presupuestos, de flujos de efectivo y apalancamiento financiero, entre otros temas que la posición demande.

Con respecto a las Habilidades, practica. Por ejemplo, si sabes cómo resolver problemas ante clientes difíciles. Paso a paso repite cada momento y luego de todo, resuelves el problema y el cliente se va satisfecho, con una promesa o una mejor actitud comparado con la que llegó.

Si sabes motivar, es probable que evalúen tu capacidad para llevar a cabo alguna dinámica que requiera valor y poco miedo al qué dirán. De pronto, hablar en frío a alguna persona o levantar el ánimo de un grupo que está desmotivado.

Por otro lado, si sabes que eres líder, tendrás que considerar alguna situación donde debas dirigir a un grupo de personas, indicarles los pasos a seguir, motivarlos, sacar lo mejor de ellos, etc.

En cuanto a Actitudes, creo que esto es más fácil de entender, porque solo hay tres maneras de manifestarlas, positiva, neutral o de forma negativa y estoy seguro que tu sentido común te indica cuál de las tres debes mostrar. Si debes agradecer por algo que hacen por ti, ¡hazlo!, si debes mostrar autoridad, ¡hazlo! Si debes mostrar confianza en una situación que te indican, ¡hazlo!, si debes mostrar tolerancia, calma o paciencia, ¡hazlo!

Es usual que algunos ejercicios te enfrenten a una situación en la cual tu actitud va a ser probada y también tus niveles de tolerancia ante el fracaso. Ante esas circunstancias, muestra una actitud positiva, manifiesta esperanza y optimismo como una pauta de cómo tú manejas este tipo de situaciones.

Es importante mencionarte algo y sería bueno que lo consideraras como muy importante.

Cuando manifiestes optimismo, tu lenguaje de gestos debe ser consistente con lo que dices y si es en una situación difícil, tendrá que ser manifestado con mucha vehemencia, para dejar claro de qué manera enfrentas las situaciones adversas.

Además, déjame decirte algo. Si en tu vida personal has enfrentado situaciones de este tipo, no será muy difícil para ti manifestarlo ahora.

De esto se trata el AC, es decir, crear escenarios donde algunas personas mostrarán que nunca han estado en ellos y otras lo harán con algo de naturalidad, porque ya lo vivieron.

En cuanto a Conocimientos y Habilidades debes prepararte, para las Actitudes no. Esas aflorarán, son parte de ti, de tu personalidad.

Además, quiero comentarte algo que te podría suceder. Es común y lo he visto más de alguna vez.

Algunos facilitadores contactan al participante unas horas antes del evento para que preparen una presentación sobre algún proyecto, lanzamiento de algún producto nuevo, invento o emprendimiento, o les envían un caso muy largo, para que lo resuelvan en las siguientes horas, porque tienen la creencia que adicionarán estrés al participante.

Por ejemplo, si te han convocado a uno para mañana, es probable que hoy, alrededor de las seis de la tarde recibas una llamada donde te lo comuniquen. Así que, debes estar listo para ello y considerar estar libre de compromisos para desvelarte, en especial, si lo que te indican hacer te consumirá algunas horas.

Es posible que para la presentación te den entre cinco y diez minutos. Al final de ésta, cuestionarán algún punto o debilidad que hayas presentado o alguna laguna que no hayas considerado.

Como sea, esto es una ventaja para ti, en especial porque te lo estoy anticipando. Pero, más allá de que te lo anticipé, ¿por qué es ventaja? Muy sencillo. Tú te preparas, con poco tiempo, pero al final lo preparas antes y no durante el AC, donde tendrías pocos minutos. Por otro lado, en esas condiciones puedes llamar a algún amigo que conozca del tema y pedirle favor que revise tu presentación o resolución del proyecto. Adicional a lo anterior, si es un caso para resolver, a menos que no lo hayan bajado de algún sitio de internet, lo encontrarás y sabrás la resolución.

Y como dijo Miguel de Cervantes, "el hombre preparado ha ganado la mitad de la batalla". De acuerdo a este pensamiento, al asignarte antes una tarea, solo ha provocado que ganes la mitad de la batalla.

Por último, para anticiparte, tendrás que imaginar qué área de tu conocimiento es el más importante para la ejecución, con éxito, de las funciones del puesto al que estás optando. Pero, ¿qué pasa si no sabes cuál es el área más importante para la empresa?

Entonces, será muy importante recordar lo que te mencioné antes. Si eres invitado a esta etapa, es porque tu perfil se asemeja en un gran porcentaje (al menos 70%) al que la vacante demanda.

Entonces, en las etapas previas, que de manera usual son las entrevistas, tuviste que haber preguntado cuál es el área de conocimiento que más les interesa. Ten por seguro que lo van a evaluar. Además, si te anticiparon sobre las habilidades y actitudes que ellos esperan del nuevo ocupante, no lo dudes, también lo evaluarán.

¿No te parece sabio prepararte con anticipación?

Creo que la respuesta es obvia. Entonces, de manera intencional, haz todo lo que esté a tu alcance para prepararte y mostrarlo cuando sea necesario.

Y, para terminar, te voy a dejar un programa tipo de cuatro y ocho horas, para que estés aún más preparado y sepas como responder.

En cada actividad describiré brevemente lo que puedes esperar.

Vamos a suponer que la posición es para mandos medios, es decir, un supervisor, coordinador, jefe de área o de grupo, incluso para un Gerente Jr.

Típicamente, para estas posiciones se evalúan las siguientes competencias: Liderazgo, toma de decisiones, resolución de conflictos, trabajo en equipo y capacidad de comunicación.

Programa Tipo de un Assessment Center para ocupar una vacante
(Los tiempos son aproximados)

09:00 – 09:05
Bienvenida y presentación de la actividad y de todos

09:05 – 09:15
Actividad rompe hielo

09:15 – 10:00
1ª actividad. Presentación personal. Aquí evaluarán la capacidad para hablar en público, la disposición para hacerlo bien en escenarios improvisados, manejo del tiempo y ordenar las ideas de una presentación.

10:00 – 10:40
2ª actividad. Discusión alrededor de un tema o situación ficticia. Presentarán un caso o escenario en donde cada uno deberá interactuar. Es común que tenga un componente ético o que sea apto para la discusión o la polémica.

10:40 – 11:00
Café

11:00 – 11:40
3ª actividad. Trabajo en Equipo. Sin duda, esta es una de las dinámicas que más entretenimiento tienen, pero ¡cuidado! También en ésta serás observado.

¿Qué puedes esperar?
Con seguridad, la construcción de algo, puede ser

una torre, una casa, un avión, etc. y para cumplir el objetivo, todos tienen que poner de su parte para resolverlo. Es probable que el facilitador les pida elegir a un líder, ¿qué te puedo decir al respecto en cuanto a decidir serlo tú o no? Ubiquémonos.

Si identificas la actividad como una de trabajo en equipo, es un tanto irrelevante ser o no el líder, pero si lo será cómo tu aportas al equipo. ¿Cuál deberá ser tu rol? Si has leído sobre los principios básicos de un miembro de equipo, recurre a ellos, sino, mi consejo es que te muestres muy participativo, aportando ideas, apoyando otras, animando a los demás, si es que va a ser complicado llegar a resolverlo, y siempre enfocado en el objetivo, porque es común que los equipos se pierden en los detalles y también en el paso del tiempo.

11:40 – 13:00

4ª actividad. Juego de Roles. Es probable que esta se utilice para evaluar la competencia más importante. Como estamos dentro del contexto de una posición que tendrá personas a cargo, tu capacidad para resolver un conflicto con algún colaborador será puesta a prueba. Por excelencia, una situación donde debas desvincularlo es presentada. Es posible que alguno de los observadores juegue el rol de colaborador.

Mi consejo es que te enfoques, en primer lugar, en los resultados que se esperan de él. Considera todo el contexto y si le puedes dar otra oportunidad, hazlo con claras advertencias. Si no ves que habrá algún cambio, la desvinculación será la respuesta, siempre dentro de una cordialidad, con agradecimiento, pero poniendo en perspectiva que, como responsable, se te exigirá.

13:00 – 14:00

5ª actividad Almuerzo o final, en especial, si son cuatro horas las que consideraban. Si el AC continúa, debes ser muy cuidadoso, en especial, si alguno o varios de los observadores se sientan entre ustedes. Si es como te lo estoy diciendo, ellos tienen claras intenciones de interactuar con todos para conocer otros ángulos de sus personalidades. Si es algo planificado, ellos tomarán la iniciativa y, de manera velada, pondrán un tema para opinar. Si eres conocedor del tema, opina. Sino, de forma honesta, diles que no puedes opinar abiertamente, porque no conoces a profundidad el tema, pero di algo que sea como una generalidad y que muestre tu criterio, es decir, no te quedes callado.

14:00 – 15:30

6ª actividad Toma de Decisiones. La toma de decisiones es interpretada como la capacidad de priorizar unas tareas o responsabilidades sobre otras.

Es típico que te presenten un caso que contextualiza un día cualquiera de oficina, iniciando desde la mañana. Te entregarán una lista de tareas para que las ordenes y luego presentes los resultados. Deberás justificar porque una está antes que otra. Es probable que pidan las respuestas dentro del grupo o de forma individual. Si es lo primero, deberás justificar por qué unas están antes que otras. Si es lo segundo, tus respuestas serán cuestionadas por el panel de observadores.

Cualquiera que sea el caso, no pierdas en enfoque. ¿Enfoque de qué?, podrías preguntarte en este momento. Me refiero al enfoque de las competencias del nivel al que estás optando, es decir, una posición que tiene personas a su cargo y que debe entregar resultados de su grupo a alguna autoridad. Todas aquellas decisiones que contribuyan al alcance de los resultados son bien valoradas. Pon énfasis en ellas antes que otras que no contribuyan a este objetivo.

Por último, considera lo siguiente. Es probable que también en esta actividad cuestionen, de manera descortés y hasta ordinaria, tus decisiones. Si sucede, guarda la calma, no perdiendo de vista lo que has escrito y seleccionado dentro de la solución del caso. Tendrás que justificar y fundamentar por qué elegiste "h" antes que "d". Dilo con calma y si en algún momento te das cuenta que cometiste un error, acéptalo como tal, justificando que, en medio de las carreras del día, los ejecutivos están propensos a cometer este tipo de errores. De nuevo te lo repito. Guarda la calma y no caigas en la trampa de la provocación.

15:30 – 17:00

7ª actividad. Liderazgo. Aquí evaluarán tu estilo de liderar y la capacidad de dirigir a un grupo del punto A al punto B. Podría tratarse de la construcción, fabricación o elaboración de algo, en donde a cada uno de los participantes les brinden la oportunidad de ser responsables del grupo, con un tiempo límite y los recursos que han provisto para la actividad.

Desde el principio, pon especial atención al objetivo. Si será dispuesta como te la describo, no seas el primero en ofrecerte como líder, a menos que te lo pidan. Esto te dará cierta ventaja de conocer la dinámica y observar dónde tu puedes aportar algo diferente para conseguir el objetivo.

Por otro lado, como líder que debes ser, tendrás que animar a las personas desde el principio, desafiarlos a que cumplan con el objetivo y, al finalizar, darles las gracias y una manifestación física, como un apretón de manos, abrazo o choque de palmas como muestra de agradecimiento.

Por último, si te indican que tienes solo una cantidad de tiempo, no dudes en hacer cálculos matemáticos para saber si pueden conseguir el objetivo. Después de las operaciones, hazlo saber al equipo para que te ayuden a afinarlas por si te equivocaste y de inmediato, inicia.

Visto desde esta perspectiva, el AC es una actividad agotadora, tanto para los participantes como para los observadores, por consiguiente, demandará de ti que estés siempre atento a lo que te soliciten y cómo lograr los objetivos que te indican.

Créditos: Defry

Paso 3. ¿Cómo demuestro lo que soy?

En los AC hay un común denominador. Las actividades, ejercicios o dinámicas tienen el poder de abstraerte de la realidad e introducirte al escenario o escenarios en los que tendrás que participar.

Es probable que al inicio estés a la expectativa de quienes observan, pero en la medida que debas responder a alguna situación, en esa medida tendrás que concentrarte.

El peor escenario para ti sería que, por enfocarte en mostrar tu mejor versión a los observadores, pierdas el hilo de un problema y esto te cueste puntos que bien podrían ser a tu favor, contrario a si desde el inicio te concentraras.

Dentro de todo, éste es el poder que tiene, porque, como tú bien lo sabes, es difícil poner atención a dos cosas a la vez.

En este sentido, no podrás estar pendiente de los observadores y al mismo tiempo de participar o resolver los problemas que te presenten.

Entonces, mientras más natural seas, menos difícil será mostrar quién eres. Actúa con normalidad y adiciona una buena actitud a todo lo que haces, porque, las empresas de este tiempo valoran más la actitud que el conocimiento.

Si pudiésemos verlo de esta manera, es como si cada participante fuera una ensalada. Tú las conoces. En algunas hay lechuga, cebolla, chile pimiento, de pronto alguna semilla o fruta. Si a esta ensalada no le adicionas un aderezo como limón, sal, aceite de oliva o vinagre, no dejará de ser nutritiva, pero será casi imposible disfrutarla.

Tus actitudes serán como eso que le hace falta a la

ensalada, pero si le adicionas demasiado, tampoco es bueno.

El adicionar demasiado acompañante a una ensalada es como querer actuar en las dinámicas o ejercicios. Más temprano que tarde se darán cuenta que no eres tú, en especial porque aquí se contrastan comportamientos en diferentes escenarios.

Te voy a relatar, de manera breve, una experiencia al respecto.

Recuerdo que en una ocasión estábamos llevando a cabo uno para una vacante que teníamos en una unidad de negocio de una empresa en la que trabajé.

Hicimos todo el proceso de selección y por último definimos un grupo de seis candidatos.

Al parecer, una de ellas, mujer, sabía un poco sobre cómo actuar en este tipo de actividades y siempre tuvo una actitud de querer impresionar a los observadores. ¿De qué manera lo manifestaba? Con su voz.

Era común que en las discusiones ella era la primera que iniciaba y quería manejar la situación para resolverla o llevarla a buen puerto lo antes posible. Sin embargo, dentro de algunos, donde hubo que sustentar las opiniones con criterios sólidos, ella no pudo y fue muy evidente su silencio.

En este momento, es probable que te hagas una pregunta: ¿Para opinar, debo hacerlo primero, espero que algunos lo hagan o participo de último?

Esa es una buena pregunta y no tengo una respuesta concreta, porque dependerá del contexto, algo en lo que profundizaremos en el siguiente capítulo.

Sin embargo, es probable que en la discusión el facilitador indique el orden en que deba hacerse y si el turno que te corresponde es el primero, no habrá mucho que hacer, más que participar con argumentos sólidos.

Lo más común es dejar al grupo que se manifieste de manera espontánea. Tu reacción podría ser: –Entonces, ya sé, voy a participar de último, para tener más argumentos y conocer mejor a mis oponentes–. Esta podría ser una estrategia, pero no te la recomiendo.

En otra ocasión, dentro de otro, un candidato repetía ese mismo patrón. Siempre fue último en todo. Es decir, en opiniones grupales, en participación individual, siempre fue último.

En situaciones así, los observadores ven toda la escena, registran patrones, y podrían preguntarse ¿por qué siempre participa de último? Las causas pueden ser muchas, pero se interpretaría como inseguridad o temor de cometer errores, algo muy perjudicial para ti.

Pero si no es inseguridad o temor, sino una actitud de dejar que los otros hablen primero y tu tener espacio para "contraatacar", pues será muy fácil y evidente para los observadores darse cuenta de esta actitud.

Además, no quiero decir que esa estrategia de contraataque sea mala, porque en determinado contexto podría ser muy bien valorada. Entonces, siempre, siempre, considera el contexto en el que estés.

Para ser un poco más explicativo, a continuación, te voy a mostrar un cuadro comparativo.

Como podrás apreciar, en la columna dos, de izquierda a derecha, encontrarás las competencias que comúnmente se evalúan en cualquiera de los ejercicios, actividades o dinámicas. Además, algunas siglas, cuyo significado te descifro en la base del cuadro, que se refieren a la intensidad que debes manifestar en cada actitud.

Por favor, considera esto como una guía:

		Actitud						
#	Competencia	Participativo	Prudente	Demostrar	Agradecido	Motivador	Humilde	Enfocado
1	Consensuar	Me	Mo			Me		X
2	Trabajar en equipo	Mi			Me	Me		X
3	Solucionar problemas		Me			Mi	Me	X
4	Tomar decisiones		Mo	Mi	Me		Me	X
5	Negociar	Mi		Mi				X
6	Dirigir	Mi			Me	Mi	Me	X
7	Planear		Me	Mi				X
8	Comunicar	Mi	Mi			Mi		X
9	Inteligencia emocional		Mo	Mi	Mi		Me	X
10	Multicultural	Me	Mi		Mi		Mo	X

Mo = Moderado, Me= Medio, Mi= Muy intenso
Fuente: Elaboración propia

En este cuadro trato de explicar cómo debe ser tu actuar en un típico AC y he incluido la intensidad que se espera de cualquier participante, para indicar que se tiene la competencia.

Por otro lado, podrás ver que la actitud Enfocado está marcada en su totalidad y sin ninguna intensidad. ¿Por qué lo he marcado así? Te explico.

En el primer párrafo de este paso te indiqué que las actividades tienen el poder de abstraer de la realidad a los participantes e introducirlos en los diferentes escenarios. Sin embargo, luego que leas este libro, sabrás que antes de iniciarlas, deberás estar muy atento al objetivo de cada una e imaginar lo que hay detrás. Esto tendrá que ser un análisis mental muy rápido, para que, una vez identificado, te enfoques en ella de manera intencional, sin perder de vista qué tipo de intensidad se espera.

Aquí, quiero ser muy honesto contigo.

Como conocedor del método y por las dinámicas a las que son sometidos los participantes, es común que pierdan el enfoque y actúen de manera natural, es decir, como lo harían en una situación real. Esto es lo que finalmente se pretende y espera. Sin embargo, tú tienes esta ventaja por sobre todo aquel que no haya leído este libro, es decir, te estoy motivando a enfocarte, pero antes de esto, a que identifiques que tipo de competencia se pretende medir y actúes con la intensidad que te sugiero.

Haciéndolo así, tendrás altas probabilidades de salir bien librado.

Paso 4. ¿Qué tipos de ejercicios te encontrarás?

Antes que te los describa, déjame usar la siguiente analogía para que lo comprendas de mejor manera.

La competencia alrededor del ciclismo se compone de varias etapas. Cada etapa tiene un grado de dificultad, consecuencia de la geografía del terreno. Algunas tienen pendientes, otras tienen terrenos planos y otras tienen montañas.

Además, existen ciclistas que se han especializado en diferentes geografías o terrenos y los más aptos o capaces, responden de buena manera a cualquier terreno, pero sin dejar de tener uno donde son casi invencibles.

Como tal, el ciclismo es una competencia que pone a prueba las condiciones de los ciclistas y etapa tras etapa van acomodándose las posiciones, dependiendo del tiempo que se tarden en recorrer las distancias. La primera posición será aquella que menos tiempo acumule en los recorridos.

Los organizadores de estas competencias saben que la emoción de los aficionados va creciendo en la medida que los días pasan y, en este sentido, es usual que la etapa más difícil esté muy cerca del final, donde el ciclista mejor preparado va a sobresalir.

Si comparamos el AC con el ciclismo, entonces cada etapa es una actividad, dinámica, ejercicio o cualquiera, como sea que se le defina, y podrás enfrentar algunas, como las siguientes:

a) Simulaciones

Son escenarios donde se representan diversas situaciones o aventuras. Es probable que haya sido una experiencia real de una persona o grupo de personas, quienes al final lograron superar el problema, peligro o cualquier suceso que haya atentado contra su vida. Sin embargo, también se pueden presentar como algún problema de tipo laboral.

En cualquiera de estos escenarios, si fueron de la vida real o no, se tendrá una solución y esta se comparará con la que presenten de forma individual o grupal.

¿Qué debo manifestar en una simulación para tener ventaja?

No hay duda que gran parte de lo que aquí se evalúa es el conocimiento, pero también el criterio y actitud para enfrentar problemas difíciles. En este sentido, tus decisiones deberán estar enfocadas en la solución del problema y cómo no dañar o afectar lo menos posible a lo que se relacione con la solución. Algunas veces serán bienes o la rentabilidad de la empresa, también personas, animales o el medio ambiente.

b) Consensos grupales sobre un tema

De manera usual, son temas polémicos con soluciones difíciles.

Aquí es común encontrarlos.

¿Qué crees que evaluarán en una actividad como ésta?

Antes de continuar leyendo, haz una breve reflexión.

En efecto, con lo que has leído hasta este momento es probable que hayas pensado que la competencia a evaluar será la habilidad para tomar decisiones y guiar a otros hacia tu solución.

De pronto, en el transcurrir del ejercicio, te das cuenta que no tienes la mejor solución. Entonces, es probable que tengas que manifestar que otro la tiene y que le apoyas sin ningún problema, eso sí, mostrando que no habías considerado algunas variables que la otra persona si consideró.

¿Qué pasa cuando muestras una actitud como esta?

En principio, te comento que es bien valorada. El que manifiestes y seas honesto en dejar saber que no lo sabes todo, es bueno y muestra humildad en tu proceder.

Sin embargo, en otros consensos, es probable que tu estés muy seguro de tu criterio y solución de algún problema. Entonces, deberás persuadir, con argumentos, a las otras personas, mostrando las posibles consecuencias de no tomar las decisiones que tu indicas, claro está, dando el espacio y tiempo para que los demás indiquen sus argumentos.

¿Cuál es la mejor manera de llegar a un consenso?

Una buena forma es ceder, pero aquí es más importante manifestar que lo harás, en función del acuerdo grupal.

Por último, es probable que, dentro de las instrucciones del facilitador motiven a los participantes a elegir las mejores propuestas de solución y que eliminen a aquellos, cuyos argumentos son débiles.

Si tú eres uno de los primeros en ser eliminado, no hay problema.

Es más que normal no poseer algunos criterios acertados, como otros si los tienen. Sin embargo, no dejes pasar la oportunidad solo porque sí.

Si te sucede, de nuevo, manifiesta que aceptas tu eliminación y muestra una actitud de humildad ante esto, en función de dejar que la actividad fluya. Insistir en permanecer solo porque si, no será bueno para ti porque mostrarás una actitud de arrogancia.

Por lo contrario, si tienes los mejores criterios de solución y junto con otra persona, o de pronto dos más, llegan al final porque tienen argumentos de solución similares y, tanto tu como otro deben decidir quién tiene alguna debilidad para eliminarlo, deberás manifestar, con seguridad por qué eliminarías a uno o ambos. No hay nada personal contra alguno de ellos. Solo decide. Es una prueba y se estará evaluando el valor para tomar decisiones difíciles.

c) Juego / cambio de roles

Esta es otra, por excelencia, pero, ¿qué puedo encontrar en un juego o cambio de roles?, ¿cómo se espera que actúe?

Entre otras situaciones que puedes encontrar están la de jugar un rol de una posición superior a la que estás optando. También, es probable que te enfrentes a un cliente difícil e insatisfecho por alguna mala experiencia. Además, es probable que debas tomar la decisión de desvincular a algún colaborador por mal desempeño, dentro de una situación ambigua o confusa, donde la contraparte, afectada, tenga algunos elementos con los cuales defender su posición y provocar que tomar la decisión sea difícil.

¿Cuál es el objetivo?

En primer lugar, moverte de tu zona de confort. Sin embargo, también puede ser utilizada para saber cómo actuarías en una situación que la posición enfrente con mucha frecuencia.

Cualquier hábil facilitador elegiría una de las dos y dependerá de los objetivos que desea alcanzar.

De cualquier manera, lo que se pretende en este tipo de actividades es que manifiestes cómo actuarías en situaciones similares y si ya has vivido alguna de las que enfrentarás, sin ningún problema, te sentirás "como pez en el agua", en especial si resolviste con propiedad el problema.

d) Presentaciones individuales

Esta es otra que no puede faltar. En primer lugar, es útil para conocer al candidato y es muy probable que sea la primera a la que te enfrentes.

¿Qué es lo que voy a presentar?

Es usual que debas hablar de tu familia, las experiencias laborales y algo que ha marcado tu vida en un antes y un después. En este sentido, cuando te hayan invitado, como parte de un proceso de selección para una vacante, debes preparar una especie de guía personal, escrita como una línea del tiempo. Será importante presentar lo más relevante de tu vida y que tenga la posibilidad de impactar a quienes te van a escuchar.

Practica para tres, cinco o diez minutos e imagina qué preguntas podrían plantearte quienes te van a escuchar y planificar la manera correcta de responder.

Por último, si consideras que no eres muy bueno hablando en público deberás desarrollar esta habilidad y si ya no tienes tiempo para prepararte detenidamente, te sugiero que practiques frente a un espejo y observa cómo es tu lenguaje corporal y qué proyectas. Por lo menos, te ayudará para enfrentar de mejor manera una presentación.

e) Tomar decisiones

Para este tipo de ejercicios, es muy probable que el propósito sea evaluar tu criterio y conocimiento sobre el área de tu experiencia.

Sin duda, será a través de un caso o alguna situación donde manifiestes tu competencia para tomar decisiones en escenarios difíciles y también es probable que debas presentarlo tu solo.

En este momento podrías preguntarte: ¿Qué consejos me da para enfrentar una situación como esta?

No hay un consejo ciento por ciento acertado, sin embargo, la metodología de casos ha sido muy utilizada, y continúa siéndolo, en los ámbitos académicos.

En este sentido, si has participado en la resolución de uno de estos, lo único que puedo decirte es que, si en las aulas universitarias tuviste tiempo suficiente para resolverlo, en un AC tendrás muy poco, porque, adicional a la resolución, podrían medir tu capacidad de tolerar el estrés en situaciones complicadas.

Sin embargo, no todo es malo y es común que aquellos colegas que no tienen suficiente experiencia o tiempo para prepararlo, usualmente, se apoyan en casos que ya son conocidos, tal como fue la experiencia de un amigo cercano, quien estaba participando en un proceso para una posición gerencial.

Después de un par de entrevistas, le dijeron que, dentro del proceso que estaba participando, lo invitarían a un AC. Además, le explicaron que, con un día de anticipación, le enviarían un caso, para que presentara sus conclusiones. Su sorpresa fue mayúscula cuando recibió el caso, porque era uno que había resuelto dentro de un Diplomado que había cursado años antes.

¿Y el factor sorpresa?

Creo que ya sabes que sucedió con mi amigo.

En primer lugar, no hubo factor sorpresa y, en segundo lugar, pudo presentar con mucha soltura y capacidad la solución. Además, se imaginó el tipo de preguntas que le iban a presentar.

Tal como lo pensó, así fue.

¿Fue culpa de mi amigo haber conocido con antelación el caso? De ninguna manera.

Si tienes la suerte de mi amigo, pues adelante, sino, te puedo dar algunos consejos sencillos:

1. Practica una revisión rápida de todo el caso, en especial, los títulos, para tener una visión general.
2. Seguidamente, observa si el caso tiene conclusiones. Estas estarán ubicadas en las últimas páginas. Si así es, léelas de primero. Te ayudarán a conocer más rápido de qué trata.

3. De pronto no hay conclusiones, pero si preguntas. El efecto de éstas será el mismo que el de las conclusiones. Te ayudarán a conocerlo más rápido.
4. Sino tiene preguntas ni conclusiones, con el primer paso lograrás este propósito. Empieza a leer lo antes posible y, en la medida que avanzas, pasa muy rápido los párrafos donde no se presenta la esencia del problema. Cuando encuentres a los protagonistas, lee detenidamente. Con el poco tiempo que tienes, deberás ser muy rápido en esto.
5. Si el tiempo que te dan para resolverlo es poco, presenta lo que encontraste hasta donde pudiste leer. No te preocupes sino lo terminas. Los organizadores sabrán que decisión tomar con esto, en especial, porque ninguno de los participantes lo terminará. Si así fue, es probable que no deseen, de manera directa, la resolución del caso sino observar cómo actúas en una situación de mucha tensión. Haz todo lo que esté en tus manos para presentar algo, aunque sea solo el inicio del caso.

f) Resolver situaciones con enigmas

Algunos ejercicios tratan de trasladar a las personas a eventos como naufragios, gente extraviada en lugares lejanos y con pocas posibilidades de sobrevivir para que manifiesten su sentido común o conocimiento sobre alguna situación en particular.

Si te encuentras con alguno de estos, ten la seguridad que evaluarán tu capacidad para generar acuerdos entre todos. Si dentro de éstos te piden que elijas algunas cosas para sobrevivir, deberás considerar las que, en la realidad, servirían y ubicarte en el contexto de la vida real para saber si puedes resolverlo solo o con otras personas.

Si por alguna razón, dentro de la discusión, te das cuenta que cometiste algunos errores, deberás manifestar que te equivocaste e indicar por qué lo decidiste de esa manera.

Sin duda, esta es una actividad para que participes. No te robes el show, pero tampoco te quedes callado, porque está pensada para que alguien sobresalga en la discusión. Por lo tanto, se evaluará el liderazgo, la capacidad para generar acuerdos y unir criterios, entre otros temas.

g) Dirigir o manejar a personas

En especial, si la posición tendrá un grupo a su cargo. Esto lo encontrarás más de una vez, en distintos escenarios.

¿Qué pretenderán con ésta?

Que manifiestes tu capacidad de dirigir personas.

Es seguro que, de manera literal, tendrás que dirigir personas hacia determinado objetivo. En el paso dos te comenté sobre las actitudes. Pues bien, esta es utilizada para conocer el tipo de actitudes que una persona manifiesta a un grupo a quien dirige.

Entonces, mostrar tu capacidad para motivar, retar, asumir riesgos, controlar, dar participación a los miembros del grupo y solicitarles ayuda para finalizar de manera exitosa el reto, proyecto, o lo que tenga como propósito, será la clave para dejar una buena impresión.

h) Motivar personas

Es probable que te introduzcan en una situación donde la moral y el ánimo estén en bajo nivel y tu debas mostrar las acciones o estrategias para subirlo, en especial, si la posición es para manejar un grupo comercial.

¿Por qué necesitarían ver mi capacidad para motivar?

No es un secreto, la gestión comercial de estos días tiene mucha más presión que la de hace treinta años atrás. En este sentido, quien esté a cargo de un grupo deberá gastar mucha energía en mantener un buen nivel de motivación.

Si no eres muy bueno para subir la voz y animar de forma natural, el contar historias es otra manera de hacerlo y, mientras mejor las cuentes, animarás una audiencia o un grupo de personas.

Las historias tienen el poder de impactar las emociones y mover a la acción. También, generar compromiso en los equipos de trabajo.

Así que, si te encuentras con una actividad que tenga como propósito esto, ya sabes cómo hacerlo.

i) Enseñar sobre algún tema específico

Algunas posiciones tienen una alta responsabilidad en entrenar a otras personas. Entonces, si ese es tu caso, tu capacidad para enseñar será evaluada.

¿Cómo lo haces? ¿cuál es tu estilo de enseñanza? ¿qué estrategias utilizas para transferir conocimientos?, son solo algunas preguntas que deberás considerar si la posición demanda un constante entrenamiento.

Para lo anterior, no hay duda. Deberás preparar una presentación sobre algún tema en específico y enseñarlo a algún grupo de personas.

En la medida que tu estilo y estrategias de enseñanza tengan una comprensión lineal del tema, con pasos numerados, con una buena introducción, un excelente desarrollo y una conclusión que impacte, en esa medida podrás superarla.

j) Comunicar decisiones difíciles

Sin duda, al comunicar, debes considerar la diplomacia o prudencia para hacerlo. Es probable que sea un despido o informar sobre la muerte alguna persona, etc.

A diferencia del cambio de roles (literal c de esta sección), esto podrías hacerlo de manera individual.

Si no es una desvinculación, podrá ser comunicar la muerte de un ser querido o algún accidente o evento dramático.

De pronto se trata de algo menos grave, pero de mucha importancia como, por ejemplo, disminuir presupuestos, exigir ahorro de costos, quitar algunas responsabilidades a alguna persona difícil, dar de baja a un producto estrella del portafolio, etc.

Si te enfrentas a una situación de estas, la prudencia debe ser tu bandera. Además, considerar el choque emocional que tiene como consecuencia el comunicar este tipo de decisiones, pero sin dejar de ser directo y conciso cuando de informarlo se trate.

k) Coordinar y priorizar algunas actividades de trabajo

Las de este tipo también son comunes.

¿Qué pretenden medir?

Criterios en cuanto a tu sentido de urgencia, priorizar, manejo del tiempo o saber elegir entre lo importante y lo urgente.

Es probable que te presenten una serie de eventos y tendrás que priorizar de acuerdo a tu criterio y experiencia. Será muy importante contextualizar la vacante que desean llenar. Si es para una posición donde tienes personas a cargo, tus prioridades deben ir en función de eso, de resolver o decidir sobre lo más importante para una organización o empresa.

Si la posición es operativa, la resolución de tareas o responsabilidades que el jefe solicite serán importantes.

¿Qué es lo más valioso en las decisiones?

Aquellas que generen rentabilidad, ahorros, minimizar problemas o ser más ágiles con los requerimientos de los clientes, entre otros aspectos.

l) Negociar sobre bienes o ideas

Esta es otra de las clásicas. Si no conoces técnicas de negociación, será importante que te entrenes en esta competencia para enfrentar de buena manera a aquellos que, de pronto, sí lo han hecho en más de alguna ocasión. También es importante que comprendas lo siguiente: Si te asignan recursos, será importante utilizarlos de la mejor manera y dejar evidencia que los usaste para generar resultados positivos.

También es probable que tengas tiempo limitado para conseguir resultados.

Aunque así sea, te aconsejo que no te dejes presionar por esto y será mejor que sondees a la mayor cantidad de negociadores para saber qué hacer y cómo actuar para comprar o vender los bienes que te indiquen.

Tengo la confianza que, si no sabes negociar buscarás los medios para aprender, pero si no tienes el tiempo suficiente para hacerlo, la mejor estrategia que puedes utilizar es preguntar sobre las necesidades de los demás.

En la medida que más preguntes, más información tendrás del escenario de tus competidores.

Cuando ya tengas suficiente información, empieza a tomar decisiones de compra. Eso se espera que hagas.

Para concluir con este paso, te informo que estas actividades, ejercicios o dinámicas te las he presentado sin ningún orden específico, ya que serán seleccionadas de acuerdo con los propósitos de los organizadores.

Sin embargo, es importante que sepas lo siguiente: Los expertos en ejecución de AC's saben que todas tienen el poder de hacer que manifiestes tus competencias y las ubicarán alrededor de, entre cuatro y cinco competencias. Es decir, en todas percibirás cierto patrón que se repite.

Además, volviendo a utilizar la analogía del ciclismo, en estas competencias siempre hay una etapa denominada "Reina". Se nombra así a la que más grado de dificultad tiene y es la que, de manera usual, determina a los campeones de la competencia. Es común que esta etapa tenga una cuesta o subida en una montaña y sea muy extensa, por lo que transitarla será muy agotador.

En un AC, la actividad "Reina" será la más importante, porque podrían someterte a alguna situación donde deseen conocer tus niveles de tolerancia y carácter.

En éstas, de manera usual, los observadores juegan el rol de jefes, a quienes debes dar cuenta y razón de algo que te dieron a resolver. Es probable que escuches frases contra ti donde se refieran a que haces el ridículo, o que la decisión tal es una locura o, incluso, tratando de ofenderte.

No te alarmes y no te lo tomes tan en serio, solo quieren saber de qué estás hecho.

¿Será un momento difícil?, no te lo puedo negar. Lo será.

Si te equivocaste en la toma de alguna decisión que te están cuestionando duramente, acepta que cometiste el error y trata de desviar la atención de los evaluadores a las decisiones buenas que si tomaste.

En conclusión, encontrarás diversos escenarios y habiendo leído este paso, tendrás un panorama más amplio y la posibilidad de prepararte de mejor manera para lo que venga.

Créditos: Defry

Paso 5. Recomendaciones Finales

Es probable que hayas leído este libro y también que hayas participado en un AC, pero que no hayas sido contratado y estés un poco decepcionado.

Déjame decirte que la experiencia es sobremanera productiva, en especial para futuros eventos a los que te inviten. ¿Qué?, ¿me presentarán los mismos ejercicios? No, aunque algunos colegas no son tan creativos y replican dinámicas que, o bien les obsequian, o bien las consiguen en algún lugar.

Si es así, tendrás una ventaja a la que no deberías renunciar y resolverla de manera simple, sin indicar que ya la conocías. ¿Es culpa tuya?, de ninguna manera.

Por otro lado, los contextos de otro evento y, de pronto, la posición o vacante en la que participas será diferente y como ya tienes una experiencia previa, no debería ser muy distinto lo que hayas vivido a lo que te describí en este libro. Eso es una ventaja muy grande a tu favor.

Por último, en un paso anterior te indiqué que un amigo fue invitado recientemente a participar en uno y para esto le enviaron, de forma anticipada, un caso para que lo presentara el siguiente día.

La vacante en la que estaba participando era Gerente de Recursos Humanos, porque su carrera profesional la ha desarrollado alrededor de esta área.

Por casualidades de la vida, en ese preciso momento le estaba solicitando su apoyo para leer el borrador de este libro. Entonces, con mayor razón le insistí a que me ayudara a mejorarlo y que, de paso, podría servirle para enfrentarlo de mejor manera.

Cuando terminó de leerlo le pregunté qué era lo

más importante que había aprendido en el libro y me sorprendió su respuesta.

Me dijo algo como lo siguiente: "a pesar de conocerlo, de haberlo ejecutado como responsable del área de reclutamiento y selección y también como participante, uno no deja de sentirse ansioso. Creo que la lectura de tu libro me redujo la ansiedad".

Amigo, si la lectura de este libro, adicionalmente a lo que hayas aprendido sobre el método, también ha conseguido reducir tu ansiedad, me doy por satisfecho de haber contribuido a tu tranquilidad para enfrentar uno.

Por último, te recuerdo lo siguiente, que ya he presentado a lo largo de este libro:

1. Si te invitan a participar en uno, es porque tu perfil se asemeja en un gran porcentaje al que están deseando contratar. Esto debería darte un poco de seguridad, porque algo de lo que tienes, a ellos les interesa. Se humilde, ¡muéstrate!
2. Si nunca has participado en uno, te aseguro que muy pronto lo harás, pero no olvides que la vida misma es un AC, donde vendes una imagen, tus habilidades, actitudes y conocimientos. Así que, si enfrentas la vida con decisión, entregando más de lo que tienes y eres, para ponerlo al servicio de tus labores diarias y de otras personas, no dudo que alguien pondrá su mirada en ti y podrían ofrecerte una oportunidad laboral con mejores beneficios de los que tienes en la actualidad.
3. Hoy, más que nunca, vivimos en una cultura empresarial que se mide por los buenos resultados y a cada colaborador le exigen su participación en éstos. Si en este momento estás empleado, no olvides que los resultados de hoy te abrirán las puertas de mañana. Entrega buenos resultados, porque al conseguirlos tendrás

experiencias que te servirán en el futuro y que podrías mostrar como logros de tu gestión.
4. Si eres introvertido, es probable que sea un poco más difícil para ti mostrar y manifestar tus competencias. Sin embargo, si eres extrovertido, debes considerar controlarte para hablar y participar con prudencia. En ambos casos, ¡se inteligente!
5. No lo sabes todo y tampoco las personas que te evaluarán. Así que, trata de mantener y cultivar una actitud humilde en tu vida y también dentro de un AC. Manifiesta lo que sabes y de lo que no, acéptalo con tranquilidad. Esta podría ser la actitud que estén buscando dentro de un candidato.

Así que, ¡buena suerte!

Palabras finales

Val Valentino (Wikipedia, 2018) es un actor, mago y cantante que se hizo famoso en la última década del siglo pasado por su programa "Rompiendo el código de los magos: los más grandes secretos de la magia finalmente revelados".

En el ámbito de los magos, este colega se hizo odiar.

¿Qué provocó entre el gremio de los magos, además de odio? No hay duda, el desafío para ellos es mayor a partir de aquella serie.

Personalmente, espero que este libro provoque esto en mis colegas y que, entre otras cosas, digan que hacen un AC cuando en realidad no lo es.

Como ya les comenté, uno de mis amigos, quien leyó el borrador de este libro fue invitado a uno. ¿de qué se trataba?

Básicamente, le enviaron un caso (que ya conocía), lo citaron para determinada hora y le indicaron que le daban diez minutos para una presentación. Después de eso, le cuestionaron parte de su exposición, aunque, por su conocimiento del caso, él ya sabía lo que le iban a cuestionar.

Entonces, mi pregunta es: ¿es esto un AC?

De acuerdo a mi experiencia, a cómo fui entrenado y por medio de varios libros que leí para fortalecer mi dominio sobre el método, no.

Este libro es el segundo de una serie de tres y en el primero presenté diez pasos para ejecutar con éxito un AC. Entonces, ¿enviar un caso para que lo presenten durante diez minutos me servirá para predecir comportamientos futuros de un candidato? Creo que tú sabes cuál es la respuesta.

Además de lo anterior, permítanme comentarles

que no soy el primero en escribir un libro como éste. En años anteriores, 2006, una experta en el tema, en Estados Unidos, Tina Lewis Rowe, escribió uno que tituló: "A preparation Guide for the Assessment Center Method" (Rowe, 2006). Cuando me hice de una copia, adquiriéndola a través de Amazon, me pregunté algo similar: ¿por qué, si es una herramienta que pretende identificar competencias, se escribe un libro donde pone en evidencia cada uno de los detalles de éste y además te enseña a cómo superarlo?

Tina lo indica en su libro y es totalmente justificable que lo haya escrito.

Por otro lado, ¿no es el examen para obtener licencia de conducir un AC?

No exactamente, pero el propósito de preparar a un conductor para que obtenga su licencia es casi lo mismo que escribir un libro para que una persona gane o supere uno y obtenga el trabajo que necesita.

Así que, de colega a colega, te invito a crear tus propios ejercicios, dinámicas, casos o situaciones inéditas que sólo tú o pocas personas de tu trabajo conozcan, para que los participantes tengan escenarios diferentes para resolver y tu obtengas la mayor cantidad de observaciones que te ayuden a tomar mejores decisiones.

Agradecimiento

Te estoy muy agradecido por haber adquirido este libro.

Como lo he explicado, en éste he dejado parte de mis experiencias con esta herramienta de gestión de personas y es un honor para mí que ahora lo tengas entre tus libros personales y, probablemente, entre tus libros de referencia.

Otros libros relacionados:

Si deseas contactarme para una conferencia, asesoría personalizada o capacitación para un equipo de Recursos Humanos, puedes escribirme a las direcciones siguientes:
- mario.santos@genteyestrategia.com
- msantosgiron@gmail.com
- https://gt.linkedin.com/in/mario-rodolfo-santos-girón-ab331771

Bibliografía

Editores, S. (2004). La Enciclopedia Volumen 10. Madrid: Salvat.

Irigoin, M. y. (2002). www.oitcinterfor.org. Obtenido de https://www.oitcinterfor.org/sites/default/files/file_publicacion/man_ops.pdf

Portafolio. (28 de noviembre de 2008). Portafolio. Obtenido de http://www.portafolio.co: http://www.portafolio.co/economia/finanzas/ventajas-lider-extrovertido-360884

Rowe, T. L. (2006). A Preparation Guide for the Assessment Center Method. Springfield, Illinois: Charles C Thomas Publisher, Ltd.

Wikipedia. (24 de Julio de 2018). Val Valentino. Obtenido de Wikipedia: https://es.wikipedia.org/wiki/Val_Valentino

Yost, F. H. (2 de Septiembre de 2014). Thane Yost y la voluntad de ganar. Obtenido de http://jsbookreader.blogspot.com.

www.ingramcontent.com/pod-product-compliance
Lightning Source LLC
Chambersburg PA
CBHW030513220526
45464CB00006B/2780